LA LEY DE PARKINSON

Aprovechar el tiempo y los efectivos disponibles

Por Pierre Pichère
En colaboración con Brigitte Feys
Traducido por Marina Martín Serra

Economía y empresa   en50MINUTOS.es

LAS CLAVES PARA EL ÉXITO

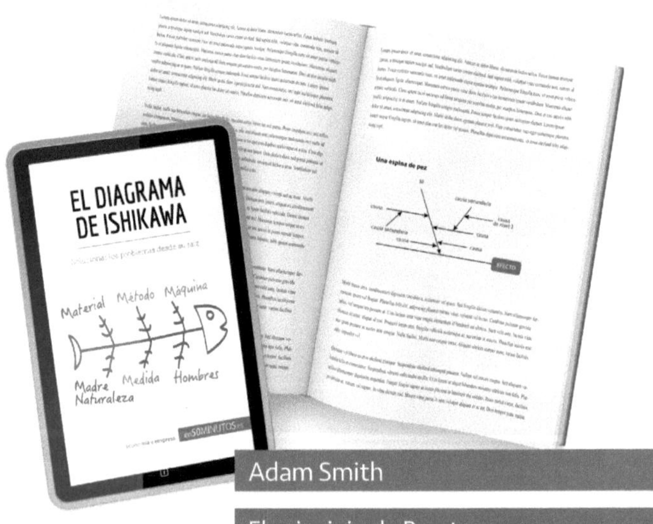

Adam Smith

El principio de Pareto

El estrés laboral

La pirámide de Maslow

LA LEY DE PARKINSON

- **¿Denominaciones?** Ley de Parkinson
- **¿Utilidades?** Gestión pública, administración, función pública, gestión de recursos humanos
- **¿Por qué es eficaz?** Teoría humorística, pero muy clara, sobre la tendencia de la administración a crecer, sin correlación con la cantidad de trabajo que se tiene que realizar
- **¿Palabras clave?** Funcionarios, administración, tiempo de trabajo, gestión pública, burocracia

Rompiendo con las nociones tradicionales sobre el tiempo de trabajo, la ley de Parkinson subraya con humor las excentricidades de las administraciones burocráticas de la segunda mitad del siglo XX.

Impregnado de humor británico, y en un periodo de denuncia de los efectos nocivos de la burocracia (recordemos la famosa novela *1984*, de George Orwell, que apareció en 1949), Cyril Northcote Parkinson (1909-1993), historiador británico, publica en 1955 un artículo que formula la ley de Parkinson. Esta plantea que los trabajadores de la función pública aumentan a un ritmo determinado (producto de una fórmula matemática fantasiosa), independientemente de la cantidad de trabajo existente.

DEFINICIÓN DEL CONCEPTO

La ley de Parkinson se basa en tres líneas maestras:

- una persona que tiene que hacer un trabajo utilizará todo el tiempo del que disponga para realizarlo;
- un funcionario siempre prefiere tener un subordinado antes que un rival;
- los funcionarios se crean trabajo mutuamente.

Estas tres afirmaciones explican la tendencia natural al aumento de los efectivos de la función pública. Aunque se sitúa en gran medida en el ámbito del humor, la ley de Parkinson tiene la ventaja de explicar inteligiblemente la formación de la burocracia.

TEORÍA – LA LEY DE PARKINSON

El Estado asegura misiones de poder público (justicia, policía, diplomacia, etc.). Además de esta función histórica, a lo largo del siglo XX ha desarrollado prestaciones sociales, asegurando la educación, la sanidad, la cobertura sanitaria o las pensiones. Aunque esta segunda dimensión toma relieves diferentes de una nación a la otra, se encuentra en todas partes en Europa, bajo el nombre de Estado del bienestar.

Para hacer funcionar esta vasta maquinaria, se necesitan agentes a los que llamamos funcionarios. Este término se refiere, en Francia, a los miembros de las tres funciones públicas (estatal, hospitalaria y territorial), pero designa de una forma más general, con un sentido no jurídico, a los agentes públicos. Este matiz se impone para comprender el alcance de la ley de Parkinson, formulada por un autor británico, que por «funcionario» no entiende exactamente lo mismo que un francés.

LOS EFECTIVOS DE LAS TRES FUNCIONES PÚBLICAS EN FRANCIA

En 2013, Francia contaba con 2,3 millones de funcionarios estatales, 1,14 millones de funcionarios hospitalarios y 1,8 funcionarios territoriales: un total de 5,24 millones de personas. Estas cifras incluyen a los titulares y a los temporales.

Al adoptar un planteamiento económico, también es

necesario incluir a los empleados de las estructuras privadas financiadas por la persona pública para misiones de servicio público. El total se eleva a alrededor 6 millones de personas, es decir, el 25% del trabajo remunerado en Francia.

De una manera intuitiva, la razón pide que el poder público contrate a agentes en motivo de misiones que quiera confiarles. Con toda lógica, el aumento del número de funcionarios debería corresponderse con un crecimiento del perímetro de intervención del poder público. La ley de Parkinson se construyó en contra de esta idea.

En el artículo que publica en 1955 en la conocida revista *The Economist*, Cyril Northcote Parkinson formula un razonamiento perfectamente opuesto. Según él, el aumento anual del número de funcionarios se sitúa alrededor del 5,70%, independientemente de la cantidad de trabajo que tengan los agentes de la función pública.

La demostración de Cyril Northcote Parkinson alterna datos serios y una voluntad manifiesta de divertir al lector. A principios de los ochenta, en el prólogo que el gran demógrafo y economista Alfred Sauvy (1898-1990) escribe para la edición francesa de una obra sobre las leyes de Parkinson, cita con más frecuencia a los franceses Raymond Devos (humorista, 1922-2006) y Jacques Tati (guionista y actor, 1907-1982) que a los economistas clásicos británicos Adam Smith (1723-1790) y David Ricardo (1772-1823), y sitúa a Cyril Northcote Parkinson entre los más grandes fantasiosos de su época. Pero esta fantasía se debe más a una demostración impregnada de humor británico que a la propia conclusión, que se ha vuelto un clásico de la gestión pública.

Como punto de partida de su razonamiento, Cyril Northcote Parkinson subraya que cuanto más tiempo tiene un individuo para hacer una tarea, más tiempo se dedicará a hacerla. Ilustra sus palabras con el ejemplo de una mujer mayor y de un hombre joven, cada uno de los cuales tiene que mandar una postal. Elegir una postal, escribir el texto, ponerle los sellos, llevarla a correos: todas estas operaciones tomarán un día entero a la persona que no tenga nada más que hacer ese día, mientras que no superarán la media hora para alguien que esté muy ocupado. Así pues, no hay correlación entre la cantidad de trabajo que hay que hacer y los efectivos destinados a la ejecución de un trabajo: ¡se trata del principio de eficacia!

La ley de Parkinson se articula alrededor de dos otras enunciaciones.

- **Un funcionario siempre prefiere tener un subordinado antes que un rival**. Esta afirmación se demuestra en el artículo de Parkinson. Si un funcionario estima —correctamente o no— que tiene demasiado trabajo, tendrá tres opciones:
  - dejar su puesto;
  - pedir que contraten a un colega;
  - pedir un subordinado.

Por razones de carrera y de promoción, preferirá un subordinado antes que un colega que vendría a imponerse como un rival. Además, para estar seguro de no crear rivalidad entre él y su subordinado, preferirá contratar a dos. El mismo problema aparecerá al final de algunos años con los dos nuevos contratados, de manera que en poco tiempo trabajarán cinco personas allí donde poco tiempo antes solamente había una.

- **Los funcionarios se crean trabajo mutuamente**. El aumento de los efectivos comporta que los procedimientos burocráticos se vuelvan más pesados, ya que justifican *a posteriori* la decisión de contratar. Si el funcionario tiene muchísimo trabajo después de haber contratado a dos subordinados, esto significa que antes estaba saturado. Sin embargo, para Cyril Northcote Parkinson, una importante parte de su carga de trabajo proviene de las contrataciones realizadas, ya que las etapas de validación se multiplican.

Con estas dos tendencias, Cyril Northcote Parkinson formula la ley a la que da su nombre, y que expresa con una fórmula matemática:

La ley de Parkinson

$$x = \frac{(2\,k^m + l)}{n}$$

- k representa el número de funcionarios que buscan obtener ascensos designando a subordinados para que les ayuden;
- l representa la diferencia entre la edad de nombramiento

y la edad de la jubilación;
- *m* representa el número de horas que cada persona dedica a responder a notas de servicio en el interior del ministerio;
- *n* representa el número de nuevos empleados necesarios cada año.

Para obtener la tasa de incremento, este producto se multiplica por 100 antes de dividirse por el total del año anterior (*yn*), lo que da:

La tasa de incremento

$$\frac{100\,(2\,k^m + l)}{yn}\,\%$$

La ley de Parkinson exige que esta tasa se encuentre entre 5,17% y 6,56%, independientemente de cualquier variación de la cantidad de trabajo que haya que efectuar.

LÍMITES DEL MODELO Y EXTENSIONES

¿Qué importancia hay que darle a la ley de Parkinson? La apariencia científica de su enunciación acentúa el carácter provocador de la teoría. Pero más que humorística, se sitúa en una corriente de pensamiento alrededor de la burocracia y sus efectos negativos.

LÍMITES Y CRÍTICAS DEL MODELO

La cuantificación y la tasa de incremento

Podemos captar fácilmente la debilidad metodológica de la ley formulada por Cyril Northcote Parkinson, ya que la mayoría de los valores de su ecuación no se pueden determinar. ¿Cómo se pueden cuantificar los funcionarios que quieren obtener un ascenso? Para esto, se tendría que tener una herramienta de investigación de las mentes que el Estado no posee ahora ni, según parece, va a tener en un futuro próximo. Asimismo, medir el número de horas que se han gastado en responder a notas de servicio nos dibuja una sonrisa en la cara, pero habría que elegir entre las respuestas útiles y productivas y aquellas a las que la administración no debería dedicarse.

Así pues, el resultado de la ecuación, una tasa de incremento de entre el 5,17% y el 6,56%, no puede entenderse al pie de la letra. En un artículo publicado veinte años después de la formulación de su ley, Cyril Northcote Parkinson intenta demostrar que ha funcionado. Estudiando los efectivos de la administración británica, reconoce la debilidad de la base estadística sobre la que construye su planteamiento.

Manifiesta sin embargo la validez de su ley analizando los efectivos de algunas administraciones británicas, en particular el ministerio de Guerra. Pero el artículo, de nuevo, presenta una importante dimensión satírica, al acabarse con un llamamiento al derecho a reírse de la situación.

Hay que retener en especial las lógicas de la ley de Parkinson, evitando interesarse demasiado de cerca por la fórmula de cálculo, cuya vocación es sin duda más humorística que científica. Así, destacaremos las dos principales lecciones de Cyril Northcote Parkinson:

- el tiempo de ejecución de un trabajo tiende a corresponderse con el tiempo efectivamente disponible para realizar esta misión;
- en un sistema burocrático, los efectivos tenderán a crecer con rapidez, a causa de las estrategias de ascenso de los funcionarios existentes, pero también de la multiplicación de los procesos que justifican el aumento de las personas vinculadas con una misión. Este crecimiento hacia un aumento del número de agentes públicos conduce a un estancamiento en la economía. Efectivamente, estos puestos están financiados con retenciones fiscales obligatorias, que también seguirán por consiguiente una tendencia al alza, hasta alcanzar un umbral asfixiante para el sistema económico.

Inaplicabilidad en la empresa, ajena a la gestión

La ley de Parkinson no podría aplicarse en una empresa debido a las limitaciones de productividad y a la creciente variación del empleo. Por el contrario, tenderá a disminuir sus efectivos antes que a aumentarlos. Pero, en realidad, la ley de Parkinson no concede un lugar a las técnicas de gestión y de recursos humanos. Sin embargo, estas trabajan justamente en la motivación de los equipos, para aumentar su productividad y luchar contra la tendencia a la dilatación del tiempo necesario para cumplir con una tarea precisa.

MODELOS CONEXOS

La ley de Parkinson sigue siendo conocida. Podemos relacionarla con otras leyes o principios que, para algunos, han entrado en el lenguaje corriente, y cuyos postulados recuerdan a los que formuló Cyril Northcote Parkinson.

- En 1970, **Laurence J. Peter** (pedagogo canadiense, 1919-1990) formula un principio al que da su nombre, el principio de Peter. Cuando se asciende a los empleados competentes a puestos superiores, siempre llega un momento en el que los puestos de una empresa (en particular a nivel de la gestión) los ocupan incompetentes. Este principio se acerca a la ley de Parkinson en su parte correspondiente al ascenso de los funcionarios.
- En 1975, **Frederik Brooks** (ingeniero informático y profesor de universidad, nacido en 1931) publica un libro titulado *El mito del hombre-mes*. En él, explica que añadir colaboradores a un proyecto que ya va con retraso solamente hará que el retraso final aumente. De este modo, critica la unidad de medida utilizada a menudo en la gestión de proyectos, la del hombre-mes, es decir, la cantidad de trabajo que una persona ha realizado en un mes. Sin embargo, este volumen depende en gran

medida de la organización general del proyecto, de las condiciones de trabajo, etc. Esta conclusión presenta una base común con la explicación de Cyril Northcote Parkinson, sobre la dilatación del trabajo en la totalidad del tiempo del que dispone la persona para realizarlo. Algunos han vinculado este planteamiento con la ley de dilatación de los gases, pero este paralelismo surge más de la comparación que de la similitud.

- Al considerar a Cyril N. Parkinson como un autor entre el humor y la economía, también se pueden acercar sus planteamientos a los de **Auguste Detoeuf** (industrial y escritor, 1883-1947). Autor de varias recopilaciones de máximas y de pensamientos, este politécnico fundó la compañía Alsthom. Sus textos están repletos de reflexiones que surgen del mundo económico, con varias referencias al tiempo y a la mejor forma de utilizarlo. Estos pensamientos llenos de humor coinciden normalmente con el planteamiento de la ley de Parkinson sobre la dilatación del tiempo necesario para cumplir con una determinada tarea.

En el universo de las ciencias sociales, desde inicios del siglo XX, varios autores han estudiado los efectos de la burocracia, que se pueden extraer de las afirmaciones que coinciden con las de Cyril Northcote Parkinson. A continuación, vamos a mencionar a tres de ellos:

- Para **Max Weber** (sociólogo alemán, 1864-1920), el auge del capitalismo comporta la aparición de un nuevo tipo de autoridad. Mientras que las sociedades feudales se basaban en la autoridad personal y los regímenes despóticos (el bonapartismo, por ejemplo) se basan en la autoridad carismática, el capitalismo suscita la obediencia a las reglas, a la autoridad llamada racional. Una persona manda como consecuencia del cargo que ocupa en la jerarquía y de los poderes que la ley otorga a este cargo. En este momento nace una burocracia, un término que Max Weber emplea, sin connotación peyorativa, para describir el lugar creciente de la administración del Estado y de las empresas en las sociedades modernas. Por el contrario, considera que la burocracia es la forma social más avanzada, ya que se basa en el Estado de derecho y asegura la supervivencia de las personas que ejercen esta misión.

- El planteamiento de **Ludwig von Mises** (economista austro-estadounidense, 1881-1973) es mucho más crítico. En 1944, este denuncia, en *La Bureaucratie*, el peso creciente de las administraciones públicas en las economías contemporáneas y el freno que constituyen para el auge de la actividad económica. Esta lectura puede haber inspirado a Cyril Northcote Parkinson, quien, pretendiendo haber elaborado una regla que explica el ritmo de crecimiento del número de funcionarios, se preocupa por el momento en el que esta categoría representará el total de la población activa.

- A lo largo de sus investigaciones, el sociólogo francés **Michel Crozier** (1922-2013) demostrará cómo los agentes de un sistema burocrático se liberan progresivamente de las reglas para acordarse espacios de libertad. Estas investigaciones podrían explicar por qué a los empleados de grandes organizaciones les llevaría cada vez más tiempo cumplir con su trabajo, definiendo de esta forma las condiciones de contratación de nuevos agentes, como describe Cyril Northcote Parkinson.

A partir de los años setenta, la teoría del *new public management* se interesa por la gestión de las administraciones públicas, buscando las vías de una modernización que se inspira en gran parte en la gestión de las empresas privadas. Tratar a los usuarios como clientes implica desarrollar agencias eficaces que distribuyen servicios, y el Estado central se contenta con fijar las directrices. Este planteamiento, con muchos partidarios pero también con detractores, intenta librarse de la burocracia y de sus defectos.

APLICACIÓN DEL CONCEPTO

Ya se trate de grandes empresas privadas o de administraciones públicas, los mánagers intentan aplicar herramientas para luchar contra las tendencias de fondo que Cyril Northcote Parkinson expuso.

Pero en las administraciones públicas, estos medios a menudo están más limitados que en el sector privado. El estatus de los funcionarios limita los poderes jerárquicos: solamente se les puede despedir en casos excepcionales, y la definición del salario raramente tiene en cuenta elementos objetivos de rendimiento. En todos los Estados occidentales, hay evoluciones recientes que han conducido a mejorar la eficiencia de la administración pública, con el fin de:

- controlar mejor a los agentes —y así limitar el efecto de dilatación del tiempo de trabajo;
- simplificar los procesos administrativos oponiéndose a las tendencias burocráticas;
- finalmente, limitar el crecimiento de los efectivos en la función pública, en especial buscando reducir el número de funcionarios, yendo al encuentro de las predicciones de Cyril Northcote Parkinson sobre el aumento ineludible del número de agentes públicos a un ritmo determinado.

CONSEJOS Y BUENAS PRÁCTICAS

Administrar objetivos

Muchos países han establecido una administración por objetivos. Hasta el inicio de los años noventa, los presupuestos nacionales implicaban raramente esta articulación entre objetivos y medios. En la mayor parte de los estados miembros de la OCDE (Organización para la Cooperación y el Desarrollo Económicos), estos procesos se desarrollaron después poco a poco. En Francia, por ejemplo, la ley orgánica relativa a las leyes de finanzas (LOLF), que fue adoptada en 2001 y entró en vigor en 2006, forma parte de este movimiento. Asigna presupuestos nacionales por programa, con medios reforzados para controlar su aplicación. Se trata, así, de asignar medios para alcanzar objetivos definidos por el poder público, bajo la mirada del Parlamento. Estos nuevos procedimientos tienden a organizar mejor el trabajo de la administración y de sus agentes, y así a luchar contra los efectos negativos de la burocracia tal y como los analizó Cyril Northcote Parkinson. Falta determinar objetivos claros y con un número restringido, para que no se contradigan.

Desarrollar incitaciones y controles

Mediante esta administración por objetivos a nivel nacional, la implicación de los agentes públicos ha sido objeto de varias pruebas. Incitar a los agentes a ser más eficaces y reforzar los controles representan las dos caras de una misma pregunta: ¿cómo se puede mejorar la productividad de la función pública?

Dinamarca, por ejemplo, desarrolló un sistema de contractualización de las remuneraciones para los agentes públicos, con el objetivo de que la parte vinculada al rendimiento en el salario alcanzara el 20%. Esta evaluación se efectúa con un diálogo entre el agente y su superior jerárquico, con el acompañamiento de un representante sindical. Un balance reciente de esta política puesta en marcha hace una veintena de años muestra una mejor aceptación de los objetivos de rendimiento cuando una parte de la remuneración depende de ellos, y es en ese momento que el agente comprende y se apropia de los indicadores y los métodos de evaluación. Otros Estados eligieron desarrollar la participación de los mánagers públicos, los que dirigen servicios y agencias y que se benefician de primas o de anticipos basados en los buenos resultados de sus equipos.

Hay que elaborar además indicadores de rendimiento pertinentes. Tienen que corresponder con los objetivos del servicio público, sin que sean puramente contables. Así, resultará difícil medir el rendimiento de un agente de la policía con el número de multas o de detenciones. ¿Pero cómo se puede apreciar su trabajo de prevención de la delincuencia? ¿Cómo se puede medir lo que no ha ocurrido? Además, en todos los sectores, público o privado, cualquier evaluación comporta un riesgo de malversación por parte de los que están sometidos a ella. Los actores adoptarán actitudes para mejorar los indicadores retenidos, en detrimento de otros aspectos de su trabajo también esenciales, pero medidos de forma menos precisa por los indicadores. Construir medidas del rendimiento, para controlarlo progresivamente en función de los objetivos fijados, llama así a la prudencia y a la reflexión.

Finalmente, las incitaciones y los controles se pueden volver más difíciles con el estatus de la función pública. En los estados con un sistema de carrera, la inamovilidad de los funcionarios nombrados a título estatutario puede constituir un freno a la aplicación de una verdadera estructura de iniciación individual y colectiva.

Reducir los efectivos

La ley de Parkinson fue enunciada en los años cincuenta, un

periodo de fuerte crecimiento en economías relativamente cerradas, donde el peso del gasto público y la competencia entre los sistemas fiscales aún no originaban debates. La situación ha cambiado mucho desde entonces. Los presupuestos públicos, en especial desde la crisis económica de 2008, están bajo tensión; los estados europeos buscan controlar los gastos. Desde el inicio de los años noventa se han tomado importantes medidas de estabilización, incluso de reducción de los efectivos públicos. A partir de este momento las cifras de la OCDE muestran una relativa estabilidad en el número de agentes públicos en la mayoría de los Estados miembros de esta organización entre 1991 y 2001. Solamente Luxemburgo experimenta una subida media del 4% al año. En cuanto a Francia, no formaba parte del perímetro de esta investigación.

Se han podido aplicar numerosas estrategias:

- las privatizaciones que adoptaron numerosos países a partir de los años noventa condujeron a modificar el estatus de los agentes, ya sea de los que ya lo eran como de los que se contrataron posteriormente. Esta reducción del perímetro de intervención del estado se observa por ejemplo en Francia, con la privatización de grandes empresas como France Télécom. Los funcionarios del ministerio de Correos y Telecomunicaciones fueron sustituidos progresivamente por empleados del sector privado de la sociedad anónima France Télécom (hoy en día llamada Orange), de la que el estado no posee más que una pequeña parte del capital;
- hay muchos países que buscan, desde hace años, limitar

los efectivos públicos. Las políticas de no sustitución de los funcionarios que se jubilan o de congelación de las contrataciones llevan a un estancamiento o incluso a una ligera disminución del número de funcionarios;

- algunos estados han contradicho la ley de Parkinson de una forma todavía más radical, con una política más drástica de reducción del número de agentes. En Alemania, en los años noventa, el estado prescinde de algunos agentes, sobre todo a causa de la reunificación del país.

Las prácticas de descentralización han podido crear disminuciones engañosas. Así, según los datos del Tribunal de Cuentas, los efectivos públicos se han mantenido estables en la función pública de Estado entre los años 2000 y 2007, una primicia en un país como Francia, que está muy vinculado a la función pública. Pero en el mismo momento, los rangos de la función pública territorial aumentaron con 400 000 agentes, bajo el efecto de sucesivas medidas de descentralización que habían transferido a las colectividades territoriales nuevas responsabilidades, en especial el personal técnico encargado de los colegios (a los consejos generales) y de los institutos (a los consejos regionales). Así pues, se trata más de una operación de vasos comunicantes que de una política real de estabilización de los efectivos públicos.

ESTUDIO DE CASO – LA ADMINISTRACIÓN BELGA

Bélgica constituye un ejemplo interesante de función pública fundada sobre un estatuto rígido, con efectivos importantes, de alrededor de 840 000 personas a finales de 2013. Se han hecho reformas recientes que han intentado invertir la tendencia al aumento regular de los efectivos que describe Cyril Northcote Parkinson. Es una forma de responder a la crisis económica, pero también de recuperarse después de la desaparición de la confianza entre la administración y sus ciudadanos. Aunque se han hecho esfuerzos a nivel del Estado federal, la federalización progresiva del país ha conducido a las regiones y las comunidades a expandir sus efectivos para cumplir con nuevas misiones, de forma que el número de agentes públicos ha continuado creciendo.

LA FUNCIÓN PÚBLICA SE MODERNIZA...

Tradicionalmente, la función pública belga se caracteriza por una débil movilidad de los agentes, un sistema ampliamente fundado sobre las carreras y una cierta rigidez, como muchas funciones públicas europeas. A partir de los años noventa, el peso creciente de la deuda pública, que culminó en el 137% del PIB en el año 1993, condujo al reino a intentar modernizar la función pública para limitar los costes mejorando la eficacia. La función pública representa efectivamente alrededor del 17% del PIB belga, una tasa relativamente baja pero a la que hay que añadir el personal hospitalario, que no se incluye en la base estadística.

A nivel federal, se han iniciado programas de formación en gestión, de movilidad en las carreras y de responsabilización de los dirigentes, para aumentar la eficacia y luchar contra la dilatación excesiva del tiempo de trabajo y contra la multiplicación de los agentes públicos, tal y como describe Cyril Northcote Parkinson. Las regiones y las comunidades también han hecho evolucionar sus métodos. En Flandes, se han instaurado mandatos de seis años para los altos funcionarios. La administración se ha reorganizado en departamentos, con importantes delegaciones en los mánagers. En Valonia, se han producido reagrupaciones y la autoridad regional ha dividido más las funciones operacionales de las distintas disciplinas.

¿SABÍAS QUE...?

La administración belga a menudo recurre a agentes contractuales, interinos o subcontratistas para realizar algunas tareas específicas, a pesar de su coste superior, para disminuir la rigidez de las administraciones públicas. Efectivamente, estos intervinientes son más flexibles ya que no son nombrados.

Para llegar a ser funcionarios, los candidatos tienen que pasar una serie de exámenes, mientras que durante la selección de los altos funcionarios, además de esta primera selección, los candidatos se encuentran con verdaderos tribunales disciplinarios formados por especialistas de las competencias necesarias para los puestos que hay que ocupar, profesionales que vienen de los sectores público y privado.

...PERO LA FEDERALIZACIÓN FINALMENTE LE DA LA RAZÓN A PARKINSON

El Estado federal, además, adoptó una política de reducción de los efectivos de la función pública belga. En los compromisos presupuestarios del reino que se adoptaron para respetar el pacto de estabilidad y de crecimiento europeo, figuran importantes ahorros en los costes de personal, para los años 2010 hasta 2014. Superan los 300 millones de euros anuales para 2013 y 2014.

Pero al mismo tiempo, el país aumentó su federalización, transfiriendo numerosas competencias a las autoridades locales y regionales. El auge de la función pública en las regiones y comunidades ha representado un obstáculo para los esfuerzos que ha hecho el país para limitar el empleo público a nivel federal. El empleo en el sector público federal aumentó de manera moderada entre 2000 y 2010, en un 4,5% en total (lejos del 5% a 6% anual enunciado por Cyril Northcote Parkinson). Pero en este mismo periodo, ha aumentado en un 20,5% para las comunidades y las provincias y en un 22,7% para las regiones. El empleo público, con todos sus niveles incluidos, también progresó más rápidamente que el empleo total entre 2000 y 2010 (13,8% frente a 9,2%). La incertidumbre del mercado privado frena por otro lado a los candidatos al trabajo en busca de una seguridad de empleo, que les asegure una estabilidad en su carrera y en sus tareas.

Este ejemplo ilustra a la perfección las dificultades con las que se encuentran los Estados para limitar el número de funcionarios. La herencia de estatutos antiguos que algunas nuevas prácticas de gestión se esfuerzan por suavizar, las expectativas legítimas de la población en materia de servicios públicos así como los movimientos de descentralización o de federalización, muy marcados en Bélgica, y presentes en la mayoría de los países europeos en los que los ámbitos locales se valoran mucho, conducen a un difícil control de los efectivos —sin contar que este arma puede utilizarse para luchar contra el paro. Pero en el momento en el que las cuentas públicas se vigilan de cerca tanto por parte de la Comisión Europea y el Tribunal de Cuentas como por parte de los mercados financieros, y en el que la globalización ejerce una presión a la baja sobre los niveles de impuestos obligatorios haciendo que compitan los sistemas fiscales de las naciones occidentales, esta cuestión se impone en la agenda política y económica. Todos los Estados intentan, de esta forma, limitar las previsiones de Cyril Northcote Parkinson, con más o menos éxito.

EN RESUMEN

- La ley de Parkinson predice un aumento anual del número de funcionarios en una proporción comprendida entre el 5,17% y el 6,56%, independientemente de la carga de trabajo.
- Cyril Northcote Parkinson basa su razonamiento en tres supuestos:
  - un agente utilizará todo el tiempo del que disponga para realizar un trabajo;
  - siempre preferirá tener subordinados que colegas, en una lógica de ascenso;
  - los funcionarios se crean trabajo mutuamente.
- La ley de Parkinson, muy satírica, coincide con las teorías más científicas sobre la burocracia.
- Llama la atención del lector sobre un reto financiero importante, pero parece que pasa completamente por alto el aspecto de la gestión de recursos humanos y de la eficacia.
- Las administraciones realizan hoy esfuerzos considerables, en especial en el ámbito de los recursos humanos, para luchar contra la tendencia natural a crecer del funcionariado, en un problema de gestión de las finanzas públicas y de la calidad de los servicios públicos para la población.

PARA IR MÁS ALLÁ

FUENTES BIBLIOGRÁFICAS

- OCDE, "Étude économique de la Belgique 2011", 2011. Consultado el 7 de julio de 2014. http://www.oecd.org/fr/belgique/etudeeconomiquedelabelgique2011.htm
- OCDE, "Examen de l'OCDE sur la gestion des ressources humaines dans la fonction publique : Belgique", 2007. Consultado el 7 de julio de 2014. http://www.oecd.org/fr/gouvernance/emploi-public/39375860.pdf
- OCDE, "Moderniser l'État: la route à suivre", 2005. Consultado el 7 de julio de 2014. http://browse.oecdbookshop.org/oecd/pdfs/product/4205132e.pdf
- Parkinson, Cyril Northcote. 1983. *Les Lois de Parkinson*. París: Robert Laffont.
- Demonty, Bernard. 2013. "Record de fonctionnaires en Belgique". *Le Soir*. 15 de enero. Consultado el 7 de julio de 2014. http://www.lesoir.be/160948/article/actualite/belgique/2013-01-14/record-fonctionnaires-en-belgique